ORDONNANCE DU ROI,

Concernant les Revues des Commissaires des guerres.

Du 20 Mars 1764.

DE PAR LE ROI.

SA MAJESTÉ jugeant à propos d'expliquer ses intentions sur le temps & la forme des revues que les Commissaires des guerres doivent faire à ses Troupes, pour assurer leur subsistance, a ordonné & ordonne ce qui suit :

ARTICLE PREMIER.

SA MAJESTÉ ayant, par une décision particulière, permis aux Commissaires des guerres de faire leurs revues tous les deux mois, à commencer du 1.er du mois de Mai de l'année dernière ; Veut & entend que lesdites revues sortent leur plein & entier effet, jusqu'au 1.er du mois de Mai prochain. *Sa Majesté approuve les revues faites tous les deux mois jusqu'au premier Mai prochain.*

II.

A l'avenir les revues faites tous les mois.

A commencer dudit jour 1.er du mois de Mai prochain, les Commissaires des guerres feront tous les mois, du 20 au 30, leurs revues pour servir au payement de la subsistance des différentes Troupes qui sont au service de Sa Majesté.

III.

Les Commissaires demanderont la permission à celui qui commandera dans la Place.

LES Commissaires des guerres, avant de faire leurs revues, seront obligés d'en demander la permission à l'Officier général ou à tout autre qui se trouvera commander dans la Place, lequel sera tenu, ainsi que le Major de ladite Place, d'être présent auxdites revues, & de veiller à ce qu'il ne s'y passe aucun abus.

IV.

Qui ne pourra la refuser ni la retarder.

L'OFFICIER général ou Commandant, à qui le Commissaire des guerres aura demandé la permission de faire sa revue, ne pourra la refuser ni différer de l'accorder, à moins qu'il n'eût de fortes raisons, dont il seroit tenu de rendre compte sur le champ au Secrétaire d'État ayant le département de la guerre, & au Commandant dans la province.

V.

Les Commissaires avertiront les Majors des places à l'avance, & ceux-ci les Majors des régimens.

LES Commissaires des guerres avertiront à l'avance, & au moins la veille, les Majors des Places ou ceux qui y feront chargés du détail du service, de l'heure & du lieu qu'ils auront choisi pour faire leurs revues, & ces derniers en préviendront les Majors des régimens à l'ordre, afin qu'ils s'y préparent; bien entendu que lesdits Commissaires choisiront une heure qui ne dérange point celle fixée pour monter la garde ou donner l'ordre.

VI.

SA MAJESTÉ donnera ses ordres, pour qu'il soit fait chaque année des contrôles pour toutes les Troupes d'Infanterie, Cavalerie, Dragons & de Troupes-légères, sans aucune exception.

Il sera fait annuellement des contrôles pour toutes les Troupes.

VII.

CES contrôles contiendront les noms de tous les hommes de chaque compagnie, leur pays & leur grade; à côté du nom de chaque homme, il y aura douze cases en blanc; chacune desquelles contiendra le nom du mois pour lequel la revue devra être faite; le Commissaire y marquera, si cet homme aura été présent ou absent à sa revue, avec les raisons; le jour & la durée de son absence; s'il sera mort, déserté ou congédié, conformément au modèle joint à la présente Ordonnance.

Forme de ces contrôles.

VIII.

CES contrôles seront faits de manière qu'ils seront suffisans pour enregistrer trente ou quarante hommes au-delà du complet de chaque compagnie, afin de pouvoir y ajouter ceux de recrue qui y seront mis pendant le courant de l'année; & à cet effet lorsqu'il arrivera des hommes de recrue, ils seront conduits sur le champ chez le Commissaire, qui les inscrira par addition sur les contrôles des compagnies pour lesquelles ils seront destinés.

On y ajoutera les hommes de recrue, à mesure qu'ils arriveront & qu'ils auront été présentés aux Commissaires.

IX.

A la fin de chaque année, il sera adressé de nouveaux contrôles aux Commissaires des guerres, qui renverront les anciens au Secrétaire d'État ayant le département de la guerre, après avoir préalablement transcrit sur les nouveaux, les noms & grades des hommes existans au 1.er Janvier de la nouvelle année, par relevé sur les anciens.

A la fin de chaque année, il en sera envoyé de nouveaux auxdits Commissaires.

X.

Les Commissaires présenteront ces contrôles aux Officiers généraux lorsqu'ils les demanderont.

LES Commissaires des guerres seront tenus de présenter ces contrôles aux Officiers généraux, que Sa Majesté jugera à propos de préposer à l'inspection de ses Troupes, lorsqu'ils en seront par eux requis.

X I.

Les Troupes devant marcher, leurs contrôles seront remis cachetés au Major qui les donnera au Commissaire de leur nouvelle garnison.

LORSQUE les Troupes devront marcher, ces contrôles seront remis par les Commissaires des guerres, dans une enveloppe cachetée, au Major ou à l'Aide-major, qui sera tenu d'en remettre le paquet au Commissaire des guerres de la nouvelle garnison ou du nouveau quartier où la troupe se rendra. L'intention de Sa Majesté étant que ces contrôles soient toujours entre les mains des Commissaires des guerres, & jamais dans celles des Officiers-majors des régimens.

X I I.

Les revues faites par appel sur les contrôles.

LES revues se feront par appel sur le contrôle de chaque compagnie, dressé comme il est prescrit par l'article VII.

X I I I.

Les extraits de revues faites par relevé sur les contrôles.

LE Commissaire des guerres ayant marqué les présens & les absens, sur les contrôles des compagnies, dans la case du mois pour lequel il fera sa revue, dressera ensuite, par relevé sur lesdits contrôles, ses extraits de revue pour servir au payement de la troupe, avec les précautions prescrites ci-après.

X I V.

La conformité des revues avec les contrôles sera vérifiée.

POUR s'assurer que les revues auront été faites sur ces contrôles, Sa Majesté donnera ses ordres pour les faire confronter avec les extraits de revue, & se faire rendre compte de leur exactitude.

X V.

Les Majors feront remettre

L'INTENTION de Sa Majesté est, que les Majors des

régimens, remettent ou fassent remettre chaque jour, par un Officier-major, aux Commissaires des guerres chargés de la police desdits régimens, un état par compagnie, contenant le nom des Soldats, Cavaliers, Hussards ou Dragons qui seront morts, qui auront déserté ou qui auront été licenciés; celui des hommes de recrue, de ceux qui se seront rengagés & de ceux qui seront passés à de nouveaux grades, soit dans leur compagnie ou dans d'autres; de ceux qui seront entrés à l'Hôpital du lieu, ou qui en seront sortis, de ceux qui auront été envoyés aux Hôpitaux externes, ou qui en seront revenus; des chevaux qui seront morts ou de ceux de remonte qui seront arrivés, & de la quantité des rations de fourrages consommées pendant le jour précédent; les Commissaires des guerres, après avoir vérifié lesdits états, seront tenus d'en former un seul, & de le joindre tous les mois à la revue, qu'ils enverront au Secrétaire d'État ayant le département de la guerre.

chaque jour aux Commissaires qui auront la police de leur régiment, les changemens qui y seront arrivés.

XVI.

DANS les Places ou autres lieux où il n'y aura pas de Commissaire des guerres en résidence, le Commandant de la troupe sera tenu de remettre ou faire remettre journellement, par un Officier-major, l'état dont il vient d'être parlé dans l'article précédent, au Major de la Place.

Cet état des changemens remis au Major de la place au défaut de Commissaire.

Et dans les lieux où il n'y aura ni Commissaire des guerres ni État-major de Place ou de quartier, le Commandant de la troupe sera tenu d'envoyer tous les huit jours au Commandant de son corps, ce même état, avec des certificats du Maire du lieu ou autre Officier municipal, constatant qu'il est déserté ou qu'il est mort tel ou tel homme, qu'il est mort ou qu'il est arrivé tel ou tel

Et au Commandant du Corps au défaut de Commissaire & d'État-major de place.

cheval, &c. afin qu'il puiſſe repréſenter leſdits états, avec leſdits certificats, au Commiſſaire des guerres lors de ſes revues, pour conſtater les changemens qui ſeront ſurvenus tous les jours dans ladite troupe.

XVII.

Les Commandans des Corps enverront tous les mois la ſituation du régiment, au Secrétaire d'État de la guerre.

VEUT en même temps Sa Majeſté que les Commandans des corps ſoient tenus d'adreſſer tous les mois au Secrétaire d'État ayant le département de la guerre, un état de la ſituation de leur régiment, conforme au modèle joint à la préſente ordonnance.

XVIII.

Les Troupes ſeront miſes en haie pour paſſer en revue.

LORSQU'UN régiment devra paſſer en revue, les compagnies ſeront miſes en haie, les Officiers à leur tête; dans cette poſition le Commiſſaire fera l'appel ſur le contrôle de chaque compagnie, des hommes qui y ſeront inſcrits, marquera dans la caſe du mois les préſens & les abſens, & en conſéquence arrêtera ſa revue.

Dans les régimens de Cavalerie, Huſſards & Dragons, & dans les Troupes-légères, ledit Commiſſaire comptera pareillement le nombre des chevaux de chaque compagnie, & vérifiera ſur le contrôle de leur ſignalement, ſi ce ſont effectivement les mêmes.

XIX.

Et défileront devant le Commiſſaire, s'il le juge à propos.

SI les Commiſſaires jugent à propos de faire défiler les régimens pour faire une vérification plus exacte des compagnies; elles défileront par quatre, ainſi qu'il s'eſt pratiqué juſqu'à préſent.

XX.

Forme dont on ſe ſervira pour que toutes

L'INTENTION de Sa Majeſté étant que tous les Officiers & les hommes qui composeront les régimens, ſoient préſens aux revues; Elle veut & entend que toutes les gardes & poſtes, & même les Travailleurs aux travaux du Roi, des régimens qui devront paſſer en revue, ſoient généralement relevés par d'autres Troupes de la garniſon; & en cas qu'il n'y eût qu'un régiment dans une Place, les gardes & poſtes ſeront relevés par les compagnies de Grenadiers ou par des compagnies entières de Fuſiliers, leſquelles paſſeront enſuite en revue devant le Commiſſaire des guerres; & dans tous les cas le ſurplus du régiment reſtera ſous les armes juſqu'à ce que les compagnies de Grenadiers ou de Fuſiliers détachées pour les gardes & les poſtes, ayant été relevées par d'autres compagnies qui auroient déjà paſſé en revue, ſe ſoient réunies à la troupe pour paſſer auſſi en revue.

les compagnies paſſent en revue.

Il en ſera uſé de même pour les régimens de Cavalerie, Huſſards, Dragons & de Troupes-légères.

Les Troupes reſteront en haie & ſous les armes, ſans qu'aucun homme puiſſe ſortir de ſon rang avant la fin de la revue.

XXI.

Les Commiſſaires des guerres ne comprendront les malades à la chambre, qu'après s'y être tranſportés immédiatement après leur revue & avoir vérifié leur exiſtence; & s'il en avoit été déclaré quelques-uns qui ne s'y trouvaſſent point, les Commiſſaires des guerres en informeront ſur le champ le Secrétaire d'État ayant le département de la guerre, & ils ne les comprendront point dans leurs extraits de revue.

Les malades à la chambre, compris dans les revues après la vérification des Commiſſaires.

Les régimens reſteront ſous les armes, & ne rentreront dans leurs quartiers qu'après que les Commiſſaires des guerres auront fait cette vérification.

XXII.

Il en sera de même pour les hommes qui seront aux hôpitaux de la Place.

LES hommes qui seront aux hôpitaux de la Place, seront compris dans les extraits de revue des Commissaires des guerres & feront nombre dans les compagnies; enjoignant Sa Majesté auxdits Commissaires, de ne passer lesdits hommes qu'après avoir fait la vérification la plus scrupuleuse de leur existence aux hôpitaux.

XXIII.

Les retenues auront lieu, comme par le passé, pour tous les hommes qui passeront présens, quoiqu'aux hôpitaux.

L'INTENTION de Sa Majesté est qu'il soit expédié, ainsi que cela s'est pratiqué jusqu'à présent pour toutes les journées d'hôpitaux, des feuilles de retenue sur les régimens pour les journées d'hôpitaux des hommes qui auront été passés présens en conformité de l'article XXII de la présente ordonnance.

XXIV.

Les hommes aux hôpitaux externes, passés présens jusqu'au jour de leur entrée aux hôpitaux.

LES hommes qui seront aux hôpitaux externes, au moment de la revue, ne feront point nombre dans les compagnies, & les Commissaires des guerres n'en feront mention dans leurs extraits de revue, que jusques & compris le jour qu'ils auront quitté le régiment pour se rendre auxdits hôpitaux.

XXV.

Les hommes aux hôpitaux externes, ne seront point payés pendant leur séjour aux hôpitaux.

LES hommes qui ayant été traités auxdits hôpitaux externes, un ou plusieurs jours du mois pour lequel la revue sera faite, se seront néanmoins trouvés présens à ladite revue, ne seront point payés de leur solde pendant le temps de leur séjour auxdits hôpitaux; voulant à cet effet Sa Majesté que les Commissaires des guerres en fassent note sur les extraits de revue.

XXVI.

Et il ne sera point expédié de

LE traitement des hommes qui auront été aux hôpitaux

externes, devant être en entier à la charge du Roi, & lesdits hommes ne devant point être compris dans l'extrait de revue du régiment, il ne sera point expédié de feuilles de retenue sur le régiment pour raison dudit traitement; mais Sa Majesté voulant être exactement informée des hommes qui seront aux hôpitaux externes, Elle ordonne expressément aux Commissaires des guerres, de joindre à l'expédition de la revue qu'ils devront envoyer tous les mois au Secrétaire d'État ayant le département de la guerre, des états desdits hommes.

feuilles de retenue sur les régimens.

XXVII.

CES états devront être dressés régiment par régiment, compagnie par compagnie, & contenir les noms, surnoms & noms de guerre de chaque homme, son grade, le nom de l'hôpital où il sera, le jour qu'il aura cessé d'être payé & le jour qu'il aura joint sa compagnie après être sorti dudit hôpital externe.

Les Commissaires joindront à leur revue, un état desdits hommes.

Forme desdits états.

Lesdits états seront signés du Colonel, & en son absence du Lieutenant-colonel ou Commandant le régiment, & du Major, & seront arrêtés en leur présence par les Commissaires des guerres qui les signeront les derniers.

XXVIII.

ENTEND néanmoins Sa Majesté, que la disposition des articles XXIII, XXIV, XXV, XXVI & XXVII de la présente Ordonnance, n'ait point lieu à l'égard des régimens Suisses & Grisons, & que les hommes desdits régimens qui seront aux Hôpitaux externes ou de la garnison, continuent de faire nombre dans les compagnies: Enjoignant Sa Majesté aux Commissaires des guerres, de les comprendre dans leurs revues, comme présens, sur des certificats des Commissaires des guerres chargés de la police des hôpitaux

Exception pour les Suisses.

où seront lesdits hommes, ou du Commandant du corps, qui en sera responsable; lesquels certificats les Commissaires joindront à la revue qu'ils devront envoyer chaque mois au Secrétaire d'État ayant le département de la guerre, au moyen de quoi les malades des régimens Suisses ou Grisons, seront entretenus aux dépens de leur Capitaine.

XXIX.

Les absens par congé, passés présens aux revues.

LES hommes absens par congé, au moment de la revue, feront nombre dans les compagnies; les Commissaires des guerres en feront note sur les contrôles & sur leurs extraits de revues, bien entendu que lesdits Commissaires auront visé leurs congés, ou qu'il leur aura été présenté un état justificatif du jour du départ desdits hommes, certifié par le Commissaire qui auroit visé leur congé; & dans le cas où les congés n'auroient été visés par aucun Commissaire des guerres ou Major de Place, à leur défaut, ils ne feront pas nombre dans les revues.

XXX.

Forme du décompte à faire aux absens par congé.

LES Majors des régimens, ou ceux qui seront chargés de la caisse, feront le décompte de ce qui sera dû de solde aux hommes qui s'absenteront par congé, jusqu'au jour de leur départ de la Troupe, exclusivement; & le restant de ladite solde, ainsi que celle des mois suivans, jusqu'au jour du retour desdits hommes, sera remis à la caisse du régiment.

XXXI.

La demi-solde accordée à ceux qui rejoindront à l'expiration de leur congé.

L'INTENTION de Sa Majesté étant que la moitié de la solde des hommes qui s'absenteront par congé limité, & qui rejoindront à l'expiration dudit congé, soit affectée & réunie à la Masse du linge & chaussure des Soldats, Cavaliers ou Dragons; Elle veut en même temps que le décompte de la seconde moitié de solde soit fait & payé auxdits hommes pour tout le temps de leur absence.

XXXII.

Quart de solde seulement, accordé à ceux qui ne rejoindront que dans l'espace des trente jours qui suivront la date de l'expiration de leur congé.

SA MAJESTÉ voulant aussi que les trois quarts de la solde des hommes qui s'étant absentés par congé, n'auront rejoint que dans l'espace des trente jours qui suivront la date de l'expiration de leur congé, soient aussi affectés & réunis à la même Masse; Elle veut & entend que le quatrième quart de ladite solde soit payé aux hommes qui se trouveront dans ce cas, & de la même manière qu'il est expliqué par l'article XXXI.

XXXIII.

Les hommes qui rejoindront après lesdits trente jours, perdront leur solde entière.

A l'égard des hommes qui rejoindront plus tard que les trente jours qui suivront la date de l'expiration de leur congé, ils perdront leur solde entière, laquelle sera aussi affectée & réunie à la même Masse; se réservant Sa Majesté d'exempter de la rigueur de cet article, ceux qui n'auroient pu rejoindre leur corps à l'expiration de leur congé, pour des raisons qu'Elle auroit trouvées valables, d'après le compte qui lui en sera rendu par le Secrétaire d'État ayant le département de la guerre, auquel les Commissaires des guerres adresseront des états détaillés des Soldats qui seront dans ce cas, avec leurs raisons.

XXXIV.

Exception pour les Suisses absens par congé.

ENTEND néanmoins Sa Majesté dispenser de la disposition des articles XXX, XXXI, XXXII & XXXIII, les hommes des régimens Suisses & Grisons qui s'absenteront par congé; voulant Sa Majesté que lesdits hommes soient passés & rappelés présens dans les revues, pour être payés de leur solde en entier pendant tout le temps de la durée de leur congé, en rejoignant à l'expiration desdits congés; & que ceux qui ne rejoindront point, à l'expiration de leur congé, ne soient plus compris dans les revues.

XXXV.

Et pour les Hussards & les Soldats de l'Infanterie étrangère.

A l'égard des hommes des régimens de Hussards, & ceux des régimens d'Infanterie Allemande, Italienne & Irlandoise, qui s'absenteront par congé, & qui auront rejoint à l'expiration de leur congé, ils seront rappelés dans la revue du mois où ils auront rejoint pour être payés de leur solde pendant tout le temps de leur absence; dans le cas où ces hommes auront satisfait à l'obligation qui leur a été imposée par les articles LXII & LXIII de l'Ordonnance du 1.er février 1763, concernant les recrues des régimens Étrangers, ils jouiront de cette solde en entier; mais s'ils n'ont pas satisfait à ce qui leur est prescrit par ladite ordonnance, ou s'ils ne rejoignoient leur compagnie que quinze jours après l'expiration de leur congé, ils ne seront payés que de la moitié de leur solde seulement: l'intention de Sa Majesté étant que l'autre moitié soit affectée à la Masse générale des recrues de leurs régimens.

XXXVI.

Les Soldats qui monteront à des hautes-payes, seront payés du jour qu'ils y auront monté.

LES hommes qui monteront à quelque haute-paye que ce soit dans leur compagnie, seront rappelés dans les revues des Commissaires des guerres pour être payés du supplément de solde qui leur sera dû, du jour qu'ils auront monté auxdites hautes-payes.

XXXVII.

Ceux qui passeront à de nouveaux grades dans d'autres compagnies que la leur, seront payés dans leur nouvelle compagnie,

CEUX desdits hommes qui passeront dans d'autres compagnies avec un plus haut grade, ne feront point nombre, lors de la revue, dans les compagnies desquelles ils sortiront, & il n'en sera fait mention dans les extraits de revue, à l'apostille de leur ancienne compagnie, que pour les faire payer jusqu'au jour qu'ils l'auront quittée. L'intention de Sa Majesté étant qu'ils fassent nombre dans les compagnies où ils auront passé, & qu'ils y soient payés de la solde attribuée à leur nouveau grade du jour qu'ils y auront été reçus inclusivement.

du jour qu'ils y auront passé.

XXXVIII.

A l'égard des hommes de recrue & des Officiers & bas Officiers qui seront détachés, soit pour les aller chercher au régiment de recrue ou au dépôt, soit pour les conduire aux régimens pour lesquels ils seront destinés; les Commissaires des guerres se conformeront à ce qui est prescrit par les articles XLIII, XLIV, XLVII & LXXII des Ordonnances du 1.er février 1763, concernant les recrues.

Les Officiers & bas Officiers détachés pour aller chercher les recrues, passés suivant les Ordonnances du 1.er février 1763, concernant les recrues.

XXXIX.

QUANT aux absens par congés, qui ne rejoignent pas à l'expiration desdits congés, & qu'on est dans l'obligation de sommer, les Commissaires des guerres les comprendront sur leurs extraits de revue jusqu'à ce que le terme que l'Ordonnance leur accorde pour rejoindre après la sommation, étant expiré, ils aient été jugés comme déserteurs; & leur solde sera remise à la caisse du régiment, & réunie à la Masse du linge & chaussure.

Les hommes sommés, passés présens, jusqu'à leur retour, ou au jour de leur condamnation, & leur solde réunie à la masse du linge & chaussure.

XL.

LES Commissaires des guerres ne comprendront dans leurs extraits de revue, les hommes qui seront morts à l'Hôpital du lieu ou à leur compagnie, ceux qui auront déserté ou qui auront été congédiés dans le courant du mois pour lequel ils feront leurs revues, que jusqu'au jour inclusivement de leur mort, désertion ou licenciement.

Hommes morts, désertés ou congédiés.

XLI.

LE Commissaire des guerres de la garnison ou quartier

Revue faite

aux Troupes avant leur départ.

d'où une troupe partira, en fera une revue qui devra servir au payement de la solde de ladite troupe jusqu'au jour de son départ, & indépendamment des expéditions qu'il devra en fournir, il la portera par extrait seulement sur le dos de la route, en n'y comprenant que les présens en état de partir; Sa Majesté entendant que l'étape ne soit fournie qu'aux présens seulement, & qu'elle ne soit prise, sous quelque prétexte que ce soit, pour aucun absent.

XLII.

Revues faites aux Troupes à leur arrivée dans une nouvelle garnison ou un nouveau quartier.

LES Commissaires des guerres feront mention dans les premières revues qu'ils feront aux Troupes qui arriveront dans leur département, du jour qu'elles seront arrivées, & de celui auquel leur payement devra commencer, en observant de rappeler dans cette première revue les jours que lesdites Troupes auront marché, en vivant de leur solde; à cet effet, les Majors des régimens seront tenus de représenter aux Commissaires des guerres, les certificats des Commis de l'extraordinaire des guerres des lieux d'où lesdites Troupes seront parties, lesquels certificats justifieront du temps qu'ils auront cessé de les payer; ils représenteront aussi les originaux des routes sur lesquelles les Troupes auront marché, pour connoître les jours pendant lesquels elles n'auront pas reçu l'étape dans les lieux où il n'est pas d'usage d'en fournir, & il en sera fait mention dans l'extrait de revue, pour que le décompte puisse leur en être fait.

XLIII.

Les jours de départ ou d'arrivée, marqués dans lesdites revues.

LES Commissaires des guerres marqueront aussi sur leurs extraits de revue, le jour du départ de chaque troupe, & le nombre des jours pendant lesquels la subsistance devra lui être payée dans la Place jusqu'à celui de son départ exclusivement.

XLIV.

LORSQU'UN régiment ſera rendu dans le lieu de ſa nouvelle garniſon ou quartier, il lui ſera fait une revue pour ſervir au payement de la ſubſiſtance des jours qui reſteront à expirer du mois pendant lequel il aura marché

Revue de ſubſiſtance pour les jours qui reſteront à expirer, du mois qu'ils auront marché.

XLV.

S'IL arrivoit qu'un Artiſan, Domeſtique ou autre non engagé, ſe préſentât dans les compagnies pour y paſſer en revue, le Commandant de la Place le fera arrêter, & en même temps le Capitaine de la compagnie; & ſur le compte que ledit Commandant & le Commiſſaire des guerres en rendront ſur le champ au Secrétaire d'État ayant le département de la guerre, Sa Majeſté donnera ſes ordres pour faire mettre ledit Paſſe-volant au Conſeil de guerre, où il ſera condamné aux galères perpétuelles; Sa Majeſté donnera auſſi ſes ordres pour faire punir le Capitaine ſuivant l'exigence du cas: Voulant de plus Sa Majeſté qu'il ſoit préalablement fait ſur ſes appointemens une retenue de trois cents livres, dont moitié ſera remiſe au dénonciateur avec ſon congé abſolu, & l'autre moitié ſera affectée à la Maſſe du linge & chauſſure pour les régimens auxquels Sa Majeſté doit fournir les recrues, & à la Maſſe de l'habillement général pour les régimens qui ſont chargés de s'en fournir.

Peine contre les Paſſe-volans.

XLVI.

TOUT Soldat d'un régiment, qui ſera ſurpris dans un autre, pour y paſſer en revue, ſera condamné comme déſerteur; il en ſera uſé de même pour un Soldat du même régiment qui ſe préſenteroit à la revue dans une autre compagnie que la ſienne.

Et contre les Soldats allant d'un régiment à un autre.

XLVII.

LE Major ou les Aides-major ſeront tenus de repréſenter

Le contrôle général communiqué

aux Commissaires lorsqu'ils le demanderont.

le livre du contrôle général du régiment aux Commissaires des guerres, lorsqu'ils en seront par eux requis, pour y faire la vérification qu'ils jugeront nécessaire.

XLVIII.

Officiers nouvellement pourvus, comment employés dans les revues.

DÉFEND très-expressément Sa Majesté aux Commissaires des guerres, de faire mention dans leurs revues, des nouveaux Officiers auxquels Elle auroit fait expédier des commissions, lettres ou brevets pour des charges dans lesquelles ils n'auroient pas encore été reçus ; & à cet effet ils continueront de marquer l'emploi vacant jusqu'à ce que l'Officier qui doit le remplir ait joint le corps, & alors ils feront mention dans la première revue, à laquelle ledit Officier sera présent, de la date de sa commission, lettre ou brevet, ainsi que du jour qu'il aura joint le corps & de celui de sa réception, pour n'être payé de ses appointemens qu'à commencer de ce dernier jour.

XLIX.

Comment payés.

VEUT bien cependant permettre Sa Majesté que les nouveaux Officiers auxquels Elle auroit fait expédier des lettres ou brevets pour des charges de Sous-lieutenant dans ses troupes d'Infanterie, de Cavalerie ou de Dragons, commencent à jouir de leurs appointemens du jour où ils auront joint le corps pour y occuper lesdites charges, quoiqu'ils n'y soient reçus qu'après avoir rempli successivement les fonctions de Soldat, Cavalier ou Dragon, Caporal ou Brigadier, Fourrier, Sergent ou Maréchal-des-logis.

L.

Officiers montés à de nouveaux grades, comment passés dans les revues.

ENTEND Sa Majesté que les Officiers présens, qui monteront à de nouveaux grades dans les mêmes corps, soient rappelés, s'il est nécessaire, pour être payés du supplément d'appointemens attribué à leur nouveau grade, à compter de la date de leurs commiſſions, lettres ou brevets; & que la même diſpoſition ait lieu à l'égard des Officiers qui ayant obtenu des congés avec appointemens, monteront pendant le temps de leur abſence à un nouveau grade, pourvu toutefois que leſdits Officiers rejoignent leur troupe à l'expiration de leur congé.

L I.

Mention dans les revues, des emplois vacans.

LES Commiſſaires des guerres feront mention, dans leurs extraits de revue, des emplois vacans, du temps qu'ils l'auront été, du nom des Officiers qui rempliſſoient les charges vacantes & des motifs de la vacance.

L I I.

Officiers abſens.

ILS marqueront dans chaque extrait de revue, les Officiers abſens, le jour de leur départ, le lieu où ils ſont allés, ſi c'eſt par congé & pour combien de temps, ainſi que ceux qui ſe ſeroient abſentés ſans permiſſion, & depuis quel temps.

L I I I.

Comment paſſés préſens à leur retour.

DÉFEND Sa Majeſté aux Commiſſaires des guerres, de marquer ſur leurs extraits de revue, aucun Officier abſent par congé que ſur un certificat du Commandant de la Place, qui juſtifiera que ledit Officier n'eſt parti qu'après l'arrivée de ſon congé; & dans le cas où il y auroit quelqu'Officier qui fût parti avant l'arrivée de ſon congé, veut & entend Sa Majeſté que le Major ſoit tenu de remettre ledit congé au Commiſſaire des guerres, qui le renverra au Secrétaire d'État ayant le département de la guerre pour être annullé.

L I V.

Officiers abſens par congés ſans appointemens, comment payés à leur retour.

LES Officiers qui auront obtenu des congés ſans appointemens, ſeront compris dans les revues des Commiſſaires des guerres, pour être payés juſqu'au jour de leur départ du régiment excluſivement; & ceux deſdits Officiers qui rejoindront leur corps, ſoit avant, ſoit après l'expiration deſdits congés, ſeront compris dans leſdits extraits de revue pour être payés du jour de leur arrivée incluſivement.

L V.

Officiers abſens par congés avec appointemens, ou par ſemeſtre, comment payés à leur retour.

LES Officiers auxquels Sa Majeſté aura bien voulu accorder des ſemeſtres ou des congés avec appointemens, ſeront compris dans les extraits de revue des Commiſſaires des guerres, pour être payés de leurs appointemens juſqu'au jour de leur départ de leur régiment excluſivement, & lorſque leſdits Officiers ſeront de retour à l'expiration de leur ſemeſtre ou congé, ils ſeront tenus de prendre un certificat du jour de leur arrivée du Commandant de la Place ou du Major en ſon abſence, & à leur défaut du premier Officier de juſtice du lieu, & de le remettre aux Commiſſaires des guerres, leſquels, en vertu dudit certificat, les rappelleront dans leurs revues pour être payés de leurs appointemens pendant tout le temps de leur abſence.

L V I.

A l'égard des Officiers dont le certificat d'arrivée ſeroit poſtérieur au terme de l'expiration de leur congé ou ſemeſtre, ils ſeront rappelés de même par les Commiſſaires des guerres dans leurs revues, pour être payés de leurs appointemens pendant leur abſence, juſqu'au jour de leur retour; mais l'intention de Sa Majeſté eſt que leſdits appointemens ſoient affectés à la maſſe de l'entretien du Soldat, à moins que Sa Majeſté ne juge à propos de diſpenſer ledit Officier de la rigueur de cet article, lorſqu'Elle aura reconnu la validité des raiſons qui l'auront empêché de rejoindre à l'expiration dudit ſemeſtre ou congé.

L V I I.

Revues

LES revues ſe feront à l'armée, comme dans les garniſons

& quartiers, tous les mois, du 20 au 30, & les Commiſſaires des guerres s'y conformeront entièrement à tout ce qui eſt preſcrit par la préſente ordonnance.

faites à l'armée tous les mois.

L V I I I.

POUR qu'aucune Troupe ne ſoit privée de revues pendant le cours de la campagne, & qu'il en ſoit fait régulièrement à toutes celles de l'armée, les Intendans d'armée auront ſoin de tenir un tableau de la répartition qu'ils feront deſdites Troupes, entre tous les Commiſſaires employés à ladite armée, informant chacun d'eux de celles qu'ils devront paſſer en revue, & ayant ſoin à chaque mouvement de Troupes qui ſe fera, de déſigner le Commiſſaire des guerres qui en devra être chargé.

Moyens pour que toutes les Troupes de l'armée ſoient paſſées en revue.

L I X.

LES Commiſſaires des guerres, chargés de la police des Troupes qui ſerviront à l'armée, ne comprendront dans leurs revues, les hommes détachés, que ſur des certificats des Major général d'Infanterie, Maréchal-général-des-logis de la Cavalerie, & Major général des Dragons.

Hommes détachés à l'armée, comment paſſés.

L X.

LES Priſonniers de guerre devant être au compte du Roi juſqu'à leur échange, ne ſeront point compris dans les revues ; à la réſerve de ceux des régimens Suiſſes ou Griſons, leſquels devant reſter au compte des Capitaines, continueront d'être paſſés préſens, ſur des certificats du Major général de l'Infanterie de l'Armée où ils ſerviront, leſquels certificats ſeront joints à la revue.

Priſonniers de guerre, comment paſſés.

L X I.

A l'égard des hommes tués dans une affaire de guerre, de quelque nature qu'elle ſoit, il ſera fait mention ſur les contrôles des compagnies, dans la caſe de chaque mois, du

Hommes tués dans des affaires.

jour de l'affaire où ils auront été tués, & ils seront compris dans les extraits de revue du même mois, pour être payés jusqu'au jour de leur mort.

L X I I.

Chevaux.

LES Commissaires des guerres, chargés de la police & des revues des régimens de Cavalerie & de Dragons qui serviront aux armées, ne comprendront, sous quelque prétexte que ce soit, que les chevaux effectifs, parmi lesquels doivent être compris ceux qui seront restés aux équipages, qu'ils passeront sur un certificat ou du Maréchal général-des-logis de la Cavalerie, ou du Major général des Dragons.

L X I I I.

Solde de paix ou de guerre, mentionnée à l'intitulé des extraits de revue.

LES Commissaires des guerres marqueront au timbre de leurs extraits de revue, si la Troupe est à la solde de paix ou à celle de guerre, & ils en feront mention dans l'intitulé desdits extraits, en observant de désigner le jour auquel la solde de paix ou de guerre devra finir ou commencer.

L X I V.

Forme des extraits de revue que les Commissaires signeront seuls.

LES extraits de revue seront dressés par les Commissaires des guerres dans la forme qui a eu lieu jusqu'à ce jour; les Commissaires des guerres les signeront seuls, au moyen de quoi ils répondront en leur propre & privé nom, des abus qui auroient pu s'y commettre.

L X V.

Envoi de leurs revues.

États qui doivent y être joints.

LES Commissaires des guerres enverront dans les premiers jours du mois qui suivra celui où ils auront fait des revues, des extraits au Secrétaire d'État ayant le département de la guerre, & ils y joindront, 1.° un état des malades à la chambre, 2.° un des malades aux hôpitaux de la place, 3.° un des malades aux hôpitaux externes,

4.° un des malades qui auront été aux hôpitaux externes pendant quelques jours du mois ſeulement, 5.° un des hommes abſens par congé pendant tout le mois, 6.° un des hommes qui ſeront dans le cas de toucher la demi-ſolde, 7.° un de ceux qui ſeront dans le cas de toucher le quart de ſolde ſeulement, 8.° un de ceux qui devront perdre leur ſolde entière; tous leſquels états ſeront conformes à ce qui eſt preſcrit par l'article XXVII de la préſente Ordonnance, 9.° un état des hommes qui manqueront dans les compagnies pour qu'elles ſoient au nombre réglé par les Ordonnances, 10.° un état des chevaux qui manqueront, 11.° enfin un état du nombre de rations de fourrages qui auront été conſommées pendant le mois par chaque régiment de Cavalerie, Huſſards ou Dragons.

LXVI.

LES Commiſſaires des guerres enverront, dans le même temps, de pareilles expéditions de leurs revues, ſans qu'elles ſoient néanmoins accompagnées d'aucun état, à l'Intendant de la Province, aux Tréſoriers des Places & au Major du régiment, & de ſimples extraits ſeulement aux Munitionnaires du pain & autres Fourniſſeurs.

A qui les Commiſſaires doivent donner des revues ou de ſimples extraits.

LXVII.

LES Commiſſaires des guerres, chargés de la police & des revues des régimens de Cavalerie, de Huſſards, de Dragons & de Troupes-légères, n'y comprendront, ſous tel prétexte que ce puiſſe être, que les chevaux effectifs, marqués du numéro du régiment, & qu'ils reconnoîtront à leur ſignalement porté ſur le contrôle général du régiment, & ceux qui étant éclopés ſeront reſtés dans quelque ville ou village; leſquels ils ne paſſeront néanmoins que ſur un certificat du Commiſſaire des guerres ou du Subdélégué

Revues des régimens de Cavalerie, & pour les chevaux.

de l'Intendant, ou à leur défaut, des Officiers municipaux & principaux de l'endroit.

LXVIII.

Chevaux des Officiers.

SA MAJESTÉ ayant prescrit aux Officiers de Cavalerie, de Hussards, de Dragons & de Troupes-légères, d'être en tout temps montés sur des chevaux d'escadron; Elle veut & entend que leurs chevaux soient marqués du numéro de chacun de leur régiment, que le signalement desdits chevaux soit porté sur le contrôle général de leur régiment, & que ledit numéro soit surmonté d'une couronne pour le distinguer de celui des chevaux de la troupe.

LXIX.

Peines contre ceux qui n'en auront point.

LES Officiers qui négligeront de se conformer à la disposition de cet article, ne seront point compris dans les revues, & les Commissaires des guerres seront tenus d'en informer le Secrétaire d'État ayant le département de la guerre, en lui envoyant leurs extraits de revue.

LXX.

Hommes qui sortiront des hôpitaux externes, comment rejoindront.

LORSQUE les hommes des régimens d'Infanterie, de Cavalerie, de Dragons, de Hussards & de Troupes-légères qui seront restés aux hôpitaux externes, sortiront desdits hôpitaux, & qu'ils auront plus d'une journée à faire pour rejoindre leur régiment; les Commissaires des guerres ou les Subdélégués, à leur défaut, leur expédieront au dos de leur billet de sortie d'hôpital, une route pour rejoindre leur régiment, par le chemin le plus court; & sur ladite route, les Commissaires des guerres ou les Subdélégués leur feront donner deux sous par lieue, à raison de cinq lieues par journée, en observant de marquer sur ladite route le jour qu'ils seront arrivés dans un des logemens,

& l'argent qu'on leur y aura donné. Défendant très-expreſſément Sa Majeſté auxdits Soldats, Cavaliers & Dragons, de s'écarter de ladite route, ſous peine d'être arrêtés & punis comme vagabonds.

LXXI.

Exception pour les Suiſſes.

N'ENTEND néanmoins Sa Majeſté que les hommes des régimens Suiſſes & Griſons, dont les Capitaines ſont chargés de leurs malades, ſoient compris dans la diſpoſition du précédent article; leſdits hommes devant joindre leur régiment, ſuivant l'uſage accoutumé.

LXXII.

Comment paſſés aux revues.

LES hommes, qui, en revenant des hôpitaux externes, rejoindront leur régiment aſſez à temps pour être préſens à la revue, ſeront compris dans les revues pour être payés de leur ſolde du jour qu'ils ſeront rentrés à leur corps, & rappelés pour être payés des huit deniers de linge & chauſſure par jour, depuis le jour où ils auront quitté leur compagnie pour entrer dans leſdits hôpitaux externes, juſqu'à celui où ils auront rejoint leur corps; lequel argent de linge & chauſſure ſera réuni à la Maſſe de l'entretien particulier du Soldat.

Quant à ceux deſdits hommes qui ſeront arrivés trop tard pour être préſens à la revue, l'intention de Sa Majeſté eſt qu'ils ſoient rappelés dans la ſuivante pour être payés de leur ſolde, du jour qu'ils auront rejoint & des huit deniers de linge & chauſſure par jour, pendant le temps de leur abſence.

LXXIII.

Rembourſement de deux ſous donnés par lieue.

LES Tréſoriers particuliers ou Subdélégués, qui auront fait l'avance des deux ſous par lieue, preſcrite par l'article LXX, remettront les ordres en vertu deſquels ils auront payé, à l'Intendant du département, lequel en retirant ces ordres particuliers en expédiera tous les mois une ordonnance générale de remboursement, avec les quatre deniers pour livre en sus au Trésorier principal de l'Extraordinaire des guerres, au bas d'un état détaillé de ces ordres, & lui en allouera en conséquence la dépense dans ses comptes.

L X X I V.

Revues des régimens de recrue.

LES Commissaires des guerres qui seront chargés de la police des régimens de recrue, se conformeront dans tous les points, à ce qui est prescrit par les Ordonnances de Sa Majesté du 1.er février 1763, concernant les recrues.

L X X V.

Revues des compagnies d'Invalides.

LES Commissaires des guerres qui auront sous leur police des compagnies d'Invalides, en feront la revue tous les mois, du 20 au 30, ainsi qu'à toutes les autres Troupes.

L X X V I.

ILS continueront de faire ces revues sur les contrôles, qui doivent leur être remis par les Capitaines commandant lesdites compagnies, semblables & revêtus des mêmes formalités que ceux que lesdits Capitaines doivent envoyer tous les mois au Gouverneur de l'Hôtel royal des Invalides.

L X X V I I.

LES Commissaires des guerres examineront avec attention, si les Capitaines auront marqué en note, sur ces contrôles, ceux des Sergens, Caporaux, Appointés & Soldats qui seront malades dans les hôpitaux de la Place, ceux qui seront malades dans les hôpitaux externes, & ceux qui seront morts : Voulant Sa Majesté que lesdits contrôles soient arrêtés avec la plus scrupuleuse régularité, sous peine aux Capitaines d'être cassés, & aux Commissaires des guerres d'interdiction de leurs fonctions.

LXXVIII.

CES contrôles serviront aux Commissaires des guerres à remplir les contrôles en blanc, qui leur seront envoyés tous les ans par le Secrétaire d'État ayant le département de la guerre, dans la forme prescrite pour toutes les autres Troupes, & sur lesquels ils doivent dresser leurs extraits de revue.

LXXIX.

LES Commissaires des guerres ne comprendront dans les revues desdites compagnies, que les Soldats qui seront sous les armes & ceux qui seront aux hôpitaux de la Place.

LXXX.

LES Commissaires des guerres observeront, à l'égard de ceux qui seront malades aux hôpitaux externes, tout ce qui est prescrit pour les hommes des autres Troupes par les articles XXIV, XXV & XXVI de la présente Ordonnance.

LXXXI.

LES Sergens, Caporaux, Appointés & Soldats desdites compagnies, ne devant plus s'absenter, conformément à l'article XXXIX de l'ordonnance du 26 février 1764, concernant les Invalides; il ne sera fait aucune mention d'absens dans les revues.

LXXXII.

LES Commissaires des guerres continueront de comprendre dans leurs revues des compagnies d'Invalides, les surnuméraires qui pourront s'y trouver, pour y être payés de la solde réglée par l'article II de la même ordonnance du 26 février 1764.

LXXXIII.

Trente-unième jour des mois, payé lorsque les Troupes marcheront sur leur solde.

QUOIQUE la subsistance de toutes les Troupes soit payée sur le pied de trente jours également par chaque mois, sans avoir égard aux mois qui ont trente-un jours, ni à celui de Février qui n'en a que vingt-huit ou vingt-neuf; Veut cependant Sa Majesté que lorsque les Troupes marcheront sur leur solde le trente-unième jour d'un mois, la subsistance leur soit payée pour ledit jour, & que dans le mois de Février elle ne leur soit payée que pour autant de jours qu'aura ce mois : Dérogeant Sa Majesté à toutes Ordonnances précédemment rendues sur les revues des Commissaires des guerres.

MANDE & ordonne Sa Majesté aux Officiers généraux ayant commandement sur ses Troupes, aux Gouverneurs & Lieutenans généraux dans ses provinces, aux Inspecteurs généraux de ses Troupes, aux Intendans dans ses provinces & sur ses frontières, & aux Commissaires des guerres, de tenir la main à l'exécution de la présente Ordonnance. FAIT à Versailles le vingt mars mil sept cent soixante-quatre. *Signé* LOUIS. *Et plus bas,* LE DUC DE CHOISEUL.

A PARIS, DE L'IMPRIMERIE ROYALE. 1764.

www.ingramcontent.com/pod-product-compliance
Ingram Content Group UK Ltd.
Pitfield, Milton Keynes, MK11 3LW, UK
UKHW020530180726
13839UKWH00005B/2419

9 782329 507248